LES AVEUGLES

DE FRANCONVILLE,

OPÉRA

EN UN ACTE,

Paroles des citoyens Armand-Croizette et Chateauvieux.

Musique du citoyen Lebrun, artiste du Théâtre des Arts.

Représentée, pour la première fois, sur le théâtre de la Montensier-Variétés, le 9 floréal, an 10.

———

A PARIS,

Chez Barba, Libraire, Palais du Tribunat, galerie derrière le théâtre Français de la République, n°. 51.

———

AN X. (1802.)

LES AVEUGLES

DE FRANCONVILLE.

SCENE PREMIÈRE.
LAURENT, MARIE.

LAURENT.

Comment, mère Marie, ces deux voyageurs sont déjà partis ?

MARIE.

Avant le jour, voisin.

LAURENT.

C'est fort désagréable, voilà deux coups de peigne au comptant qui m'échappent.

MARIE.

Vous ne pouvez pas vous en prendre à moi, j'ai fait tout ce que j'ai pu pour les engager à se faire raser.

LAURENT.

Vous allez voir qu'ils s'étaient rasés eux-mêmes... Des voyageurs en voitures...

MARIE.

Rasés, rasés, je ne dis pas cela ; mais j'ai eu beau leur proposer le barbier...

LAURENT.

Le barbier, vous avez dit comme cela à des gens qui vont en poste...

MARIE.

Eh bien, comment donc fallait-il dire ?

LAURENT.

Voilà comme vous me faites toujours tort ; mais, bonne Marie, retenez donc une fois pour toutes qu'il faut dire le coëffeur, c'est plus distingué...

MARIE.

Eh ! coëffeur , perruquier , barbier...

LAURENT.

Allons , à présent... Allez , allez , coëffer , perruquier , barbier , chirurgien , accoucheur , dentiste , oculiste , dites tout ce que je suis , il ne vous en coutera pas davantage... Voilà ce que je suis.

AIR :

Je suis barbier et médecin,
Ces états me vont à merveille,
Ceux que j'ordonnance la veille ,
Je les rase le lendemain.
En pratiquant la médecine,
Du voisin et de la voisine,
Je découvre tous les secrets ;
Puis en peignant dans ma boutique,
Je sais distraire une pratique
En lui comptant tous ses secrets ;

Je suis barbier, etc.

Souvent un grand docteur ennuie,
Et son jargon double nos maux,
Moi, je guéris la maladie,
Par la gaîté de mes propos.

Je suis barbier, etc.

MARIE.

N'allez-vous pas vous fâcher , voisin ?

LAURENT.

Mais c'est que c'est vrai , vous vous plaisez...

MARIE.

Au surplus , vous ne perdez pas tout , car s'il m'est parti deux voyageurs ce matin , il m'en est arrivé un hier au soir , assez tard.

LAURENT.

Bah ! je ne savais pas cela.

MARIE.

Vous étiez couché , sans doute.

LAURENT.

C'est possible, je fatigue tant pendant le jour, j'ai tant d'occupation...

MARIE.

C'est cela. Pour nous, nous étions encore debout. Ce voyageur a dans les traits quelque chose de respectable, d'imposant.

LAURENT.

D'imposant... vous me présenterez.

MARIE.

Oui, oui, soyez tranquille... Il a paru regarder mes enfans avec intérêt... A propos de mes chers enfans, les avez vous vu ce matin ?

LAURENT.

Oui, je les quitte à l'instant ; je vous l'ai déjà dit, je cesse tout-à-fait de leur faire des remèdes, je ne veux pas vous voler votre argent, ils sont incurables.

MARIE, *avec douleur.*

Incurables !

LAURENT.

Oui, je vous l'affirme ; je ne suis pas un charlatan, vous le savez.

MARIE.

Je vous crois ; mais il m'en coute de renoncer à l'espoir de les voir.

LAURENT.

Voir... de les voir, voir, n'est-ce pas ? c'est là ce que vous voulez dire.... Ah ça, puisque je n'ai rien à faire ici, je retourne à ma boutique ; mais je vous en prie, mère Marie, soignez-moi donc un peu mieux que ça au vis-à-vis des étrangers ; si ce nouveau voyageur me demande, vous me ferez appeller.

MARIE.

Oui, oui, allez, soyez tranquille.　　　　(*il sort.*)

SCENE II.

MARIE, DUPUIS, *il sort par le cabinet à droite.*

DUPUIS.

Est-ce à la maîtresse de la maison que j'ai le plaisir de parler ?

MARIE.

A elle-même, monsieur.

DUPUIS.

Pardon, hier au soir, pressé de me reposer, je n'ai pu faire attention et distinguer.

MARIE.

Oh ! c'est très-naturel. Monsieur est-il content de son logement ?

DUPUIS.

Parfaitement.

MARIE.

Les meubles n'en sont pas bien beaux ; mais que voulez-vous, on n'est pas riche, il s'en faut, les tems sont durs, peu de voyageurs, par conséquent, peu d'argent à recevoir ; tout le monde me fait pourtant l'honneur de descendre chez moi, car je suis la seule aubergiste de Franconville.

DUPUIS.

C'est fort bien. Ces deux enfans que j'ai apperçu à mon arrivé, sont-ils à vous ?

MARIE, *faisant la révérence.*

L'une est Cécile, ma fille, monsieur ; l'autre est Antonin, mon fils d'adoption, qui sera bientôt mon gendre, j'espère.

DUPUIS.

Antonin n'a donc plus de parens ?

MARIE.

Non, monsieur, mais quoique orphelin, il n'est pas à plaindre, car depuis son bas âge, je lui ai servi de mère, tous les deux aveugles...

DUPUIS.

Aveugles, dites-vous ? je ne m'en était pas apperçu.

MARIE.

Oui, monsieur, tous les deux aveugles, je les ai réunis pour les distraire, se consoler l'un l'autre ; unis par le malheur, leur amitié s'est accrue en grandissant, et j'espère bien, si dieu me conserve la vie, les marier dans un an. Tout le village de Franconville s'intéresse à eux ; c'est qu'ils sont si bons, si honnêtes, ces chers enfans ; ils m'aiment tant, tant. . . . et de l'esprit donc. . . de l'esprit comme des anges. . . une mémoire étonnante ; ils retiennent tout ce qu'ils veulent, ils chantent des petits airs, des romances...

DUPUIS.

Des romances !...

MARIE.

Il y en a une sur-tout... Mais c'est qu'ils y mettent une ame, une expression !...

DUPUIS.

C'est assez, bonne mère, envoyez-moi ces chers enfans.... je serai ravi de causer avec eux.

MARIE.

Volontiers, monsieur, volontiers.   (*elle sort.*)

SCENE III.

DUPUIS, *seul.*

Quoique un peu bavarde, la chère hôtesse à l'air d'une bonne femme. Enfin je touche au terme de mon voyage, et, dans peu de jours, je vais embrasser une femme chérie, d'aimables enfans ; ceux qui m'honorent de leur confiance, depuis long-tems privés des secours de mon art, me reverront sans doute avec plaisir ; mais avant tout, rien ne pourra me dispenser de chercher l'occasion de remplir la promesse que je me suis faite, lorsque je fus prêt de périr sur les glaciers du Montenvert.

Air :

Le besoin d'obliger me presse et me tourmente,
Oui, je le remplirai, ce vœu cher à mon cœur,
Et cette main compatissante,
A quelqu'infortuné donnera le bonneur :
Echappé des horreurs d'un abîme effroyable,
L'instant qui comble tous mes vœux,
Voua cette main secourable
Soulager tous les malheureux.
Si j'ai conserver l'existence,
Pour moi c'était un bienfait mérité,
Car un acte de bienfaisance
Paiera bientôt ma dette à la divinité.

SCENE IV.

DUPUIS, CÉCILE, ANTONIN.

DUPUIS.

Ah! ce sont nos jeunes gens. . . Approchez-vous, mes enfans... Que je vous plains!

ANTONIN.

Ah! monsieur, je ne suis point à plaindre près de ma
Cécile.

CÉCILE.

Ni moi près d'Antonin.

ANTONIN.

Et cette bonne Marie, notre mère, car vous savez peut-être
qu'orphelin dès mon bas âge...

DUPUIS.

Elle vous recueillit, vous donna tous les soins d'une tendre
mère.

ANTONIN.

Aussi je la chéris !...

CÉCILE.

Nous la chérissons de tout notre cœur.

DUPUIS.

Vous savez, dit-on, un peu de musique.

ANTONIN.

Oui, monsieur; un habitant de ce village a bien voulu nous
donner quelques soins; mais il n'est plus ici, et...

DUPUIS.

Vous n'avez pas tout oublié ; voulez-vous me faire entendre quelque chose ?

CÉCILE et ANTONIN.

Bien volontiers.

CÉCILE.

ROMANCE, *Par Vernes.*

Jamais les rayons de l'aurore
Ne viennent enchanter nos yeux,
Pour nous seuls rien ne se colore,
Et nous cherchons envain les cieux ;
Mais si l'auteur de la lumière
A privé notre ame du jour,
Il voulut l'ouvrir toute entière
Au feu pur du plus tendre amour.

ANTONIN.

Mon ame, auprès de ce que j'aime,
Comprends le charme des couleurs,
Et croit que la beauté suprême
Ressemble au penchant de nos cœurs ;
Quand sa voix approche et me touche,
Au jour mon ame croit s'ouvrir,
Et si je rencontre sa bouche,
Je crois avoir vu le plaisir.

CÉCILE et ANTONIN.

Pour nous seuls l'amour n'a point d'ailes,
Il nous laisse dans son printems,
Le regard fait des infidèles,
Il nous eut rendus plus constans.
Après la mort, si la tendresse
Nous donne l'immortalité,
Sans doute alors nous voir sans cesse,
Fera notre félicité.

DUPUIS.

Comme cette romance peint bien leur situation ! avec quelle expression ils la chantent ! ils m'ont arraché des larmes .. (*à part.*) Mais ne puis-je...

ANTONIN.

N'est-il pas vrai , monsieur, que ma Cécile a une bien jolie voix ?

DUPUIS, *à part.*

Pauvres infortunés ! au printems de leur vie, seraient-il

B

morts à l'espérance comme ils le sont à la lumière ! doivent-ils en être privés pour toujours ?

ANTONIN, *à Cécile.*

Eh bien, il ne nous réponds pas.

DUPUIS, *à part.*

Toujours, qui le prouve ? peut-être leurs yeux n'attendent-ils qu'une main habile pour se dégager du voile qui les couvre... Ah ! si je pouvais leur faire le présent du jour...

CÉCILE et ANTONIN, *à part.*

Que dit-il ?

DUPUIS.

Interrogeons leur mère... (*Marie paraît.*) Justement la voici... Cécile, Antonin, rentrez, mes chers enfans ; j'ai quelque chose à dire à la bonne Marie ; mais je vous reverrai bientôt ; je veux que vous m'aimiez.

ANTONIN.

Ah ! nous vous aimerons, vous paraissez si bon.

CÉCILE.

Si sensible !

MARIE.

Allez, mes enfans, allez.

DUPUIS.

Adieu, Cécile, adieu, Antonin ; doucement, doucement ; prenez bien garde à vous.

CÉCILE.

Soyez tranquille, nous connaissons la maison.

(*ils sortent.*)

SCENE V.

MARIE, DUPUIS.

MARIE.

Eh bien, pas vrai qu'ils sont gentils, ces chers enfans ?

DUPUIS.

On ne peut plus intéressans ; vous me voyez encore tout ému.

MARIE.

Quel dommage qu'ils soient aveugles !

DUPUIS.

C'est précisément à ce sujet que je veux vous parler ; leurs yeux ont-ils été visités ?

MARIE.

Ah ! mon dieu, oui.

DUPUIS.

Quel est l'occuliste ?...

MARIE.

Notre voisin Laurent, le chirurgien du village ; ah ! ah ! c'est là un homme à talent... faudrait savoir les soins qu'il a eut de mon mari pendant sa dernière maladie... le pauvre cher homme est mort au bout de huit jours ; mais tout Franconville sait bien que ce n'est pas de sa faute, il a visité mes enfans, le voisin, il dit qu'il n'y a pas de ressource.

DUPUIS.

N'importe, faites-le venir ; je veux savoir sur quoi il fonde son opinion.

MARIE, *à la cantonade.*

Antonin ! dis au voisin Laurent de venir un instant ici.

ANTONIN, *derrière le théâtre.*

Oui, ma mère.

DUPUIS.

En pareils circonstances, on doit tout écouter, afin d'ajouter à ses propres lumières autant qu'on le peut.

MARIE.

Quoi, seriez-vous chirurgien ?

DUPUIS.

Oui, mais il est inutile d'en instruire le voisin Laurent. Qu'il vous suffise de savoir que vos enfans m'ont inspiré le plus vif intérêt, et que je tenterai tout pour les rendre au bonheur... Gardez-vous sur-tout de les prévenir.

MARIE, *ivre de joie.*

Ah ! mon dieu, ah ! mon dieu, quoi ! vous pourriez leur rendre... que de bénédictions ; en vérité, j'en deviendrai folle

(Laurent se fait entendre.)

.D U P U I S.

Chut , voici sans doute le voisin Laurent ; je vais l'interro-
ger , et bientôt je saurai s'il est capable...

SCENE VI.

L E S   P R É C É D E N s , L A U R E N T , *un*
bassin sous le bras.

L A U R E N T , *faisant force révérences.*

Je suis sûrement bien sensible , monsieur , à l'honneur que
vous me faites ; je suis certain que vous serez content de mes
petits talens ; demandez à qui vous voudrez , je suis connu ,
très-connu.

D U P U I S , *à part.*

Pour un original , sans doute. (*haut.*) Monsieur , je vous ai
fait appeller...

L A U R E N T.

Pour vous faire la barbe , peut-être ; je suis muni de tous
mes outils...

M A R I E.

Eh non , ce n'est pas pour cela , et...

L A U R E N T.

Oh ! je devine... une légère incommodité , suites des fa-
tigues du voyage ; vous avez l'air pâle , abattu ; c'est de la
bile qui vous travaille ; vite , il faut purger , saigner ; j'ai encore pour cet objet tous mes ustensiles.

M A R I E.

Mais non , monsieur n'est point malade , et...

L A U R E N T.

Il a tort , grand tort.

D U P U I S.

Voilà qui est nouveau.

L A U R E N T.

Je puis me flatter , sans vanité , que je vous aurais guéri
très-promptement. Tel que vous me voyez , je suis un trésor

enfoui, moi, j'ai lu très-prodigieusement, au moins deux mille volumes ; aussi l'on peut m'appeller l'homme universel ; notez, s'il vous plait, qu'outre la théorie, j'ai beaucoup de pratique...

MARIE.

Oh ! cela c'est vrai ; le voisin a beaucoup de pratiques dans le village.

DUPUIS.

Mais il n'est pas question ici...

LAURENT.

Permettez, permettez ; c'est un miracle de rencontrer ici un homme éclairé à qui l'on puisse parler de son mérite, or, je veux que vous soyez stupéfait du mien.

DUPUIS, à part.

Il est modeste.

LAURENT. T.

Vous ne vous figurez pas combien j'exerce de métiers à la fois. D'abord, barbier, médecin, chirurgien, apoticaire, accoucheur, occuliste...

DUPUIS.

C'est précisément en votre qualité d'occuliste que je veux vous consulter.

LAURENT.

Vous me prenez-là dans mon plus fort ; je suis étonnant dans cette partie-là.

DUPUIS.

Je ne doute nullement de votre mérite : dites-moi, avez-vous vu les deux enfans de Marie ?

LAURENT.

Oui, monsieur... incurables, absolument.

MARIE, à part.

Incurables ! oh ! mon dieu.

DUPUIS.

Sans doute votre jugement est basé sur une connaissance bien réfléchie de leur infirmité ?

LAURENT.

Oh ! je vous en réponds. L'inspection seule des yeux cata-
ractés suffit pour démontrer à l'homme instruit qu'il est impos-
sible de rendre la vue aux malades , soit par abaissement, soit
par extraction.

DUPUIS.

Et la raison ?

MARIE.

Oui , la raison.

LAURENT, *embarrassé.*

La raison , la raison.... la voici.... Lorsque les yeux.... on
conçoit bien...

MARIE.

Sûrement , sûrement.

LAURENT.

J'ai mon objet... Le corps lanticulaire , vulgairement ap-
pellé cristalin , renfermé dans sa capsule, en perdant sa trans-
parance a acquit une certaine opácité , et contracté avec les
bords de l'iris ou pupille , une adhérence visqueuse qui s'op-
pose manifestement à la dilatation de la prunelle : or , la sus-
ditte opacité empêchant le passage des rayons lumineux à tra-
vers la cornuée et la chambre antérieure et postérieure de l'œil,
ils ne peuvent être refractés par le corps vitré , et produire sur
l'expension de la rétine, ce que nous appellons la vue... voilà
pourquoi ces deux enfans resteront aveugles.

MARIE.

Ah ! comme c'est bien parlé !...

DUPUIS, *à part.*

Quelle confusion, et quel abus de mots. (*haut.*) Vous
êtes fort clairvoyant , monsieur , et je suis très-satisfait de
l'éclaircissement que vous venez de me donner.

LAURENT.

Je vous l'ai dit, je n'ai pas mon pareil ; je ne conçois pas
comment je puis végéter ici ; mais l'humanité me retient bien
plus dans ce misérable village que l'amour de l'argent....

Voulez-vous bien me payer ma consultation s'il vous plaît ?

DUPUIS.

Ah ! c'est trop juste. Marie, vous donnerez à monsieur ce qui lui est dû.

LAURENT.

Vous êtes bien bon, vous n'avez plus besoin de mon petit ministère, je vous salue ; ne vous gênez pas, entendez-vous, envoyez-moi chercher quand vous voudrez, vous voyez que je suis rond en affaire. (*Marie le conduit jusqu'à la porte.*)

DUPUIS.

Que je plains les malades qui sont gouvernés par un tel homme ; quelle ignorance et quelle présomption !

SCENE VII.

MARIE, DUPUIS.

MARIE.

Eh bien ! êtes-vous content du voisin Laurent ? n'est-il pas vrai que c'est un homme bien savant ?

DUPUIS.

Faites venir vos enfans, je vous prie, j'ai besoin de causer avec eux ; ayez confiance en moi.

MARIE.

Ah ! mon dieu, tout ce qui vous plaira. Cécile ! Antonin ! ah ! les vilains enfans, cela n'entend rien.... Céc.... ah ! les voilà... Monsieur s'intéresse à vous, désire de vous être utile, restez avec lui ; soyez bien honnêtes, entendez-vous.

(*elle les embrasse et sort.*)

SCENE VIII.

LES PRÉCÉDENS, excepté MARIE.

DUPUIS, *à part.*

Examinons ces enfans, et voyons si je serai assez heureux pour les sauver... Approchez, mes petits amis.

(Pendant la musique , Dupuis examine les yeux des en-
fans ; il témoigne de l'inquiétude après avoir visité An-
tonin , et de la joie après avoir vu les yeux de Cé-
cile.)

Que ne donnerai-je pas pour vous rendre la vue à tous les
deux.

CÉCILE.

O ciel ! que dit-il , nous donner la vue ; nous verrions notre
mère , je te verrais , Antonin.

ANTONIN.

Je te verrais , ma Cécile.

DUPUIS.

Tous deux vous m'avez intéressé au même dégré , et quelque soit le sort qui vous attend , cet intérêt ne s'éteindra jamais. Jusqu'à présent , vous avez été intimement liés l'un à
l'autre ; cette union a peut-être plus servi à votre bonheur que
n'eût fait la jouissance de la vue ; mais s'il arrivait que l'un de
vous seulement pût en recevoir l'usage , cette même union ne
s'affaiblirait-elle pas ? qui de vous deux pourrait répondre ,
avec une nouvelle existence , de rester fidèle à l'objet qu'il ai-
mait auparavant ?

CÉCILE et ANTONIN.

Oh ! moi... oui, moi.

CÉCILE.

Si je recouvrais la vue , je n'aurais des yeux que pour
toi.

ANTONIN.

Je n'aurais des yeux que pour elle.

CÉCILE.

Ma vue le suivrait toujours comme le suit mon cœur.

ANTONIN.

La vue m'oterait-elle le sestiment qui m'anime dès mon en-
fance et m'unit à Cécile ! ah ! jamais.

DUPUIS.

Eh bien , mes amis , votre arrêt est porté. Un de vous peut

acquérir l'usage de la vue : je n'ose encore me flatter de la gué-
rison de l'autre ; mais que votre amour ne s'abuse point ; con-
sultez-vous, sondez bien vos cœurs et prononcez ; je vous
quitte pour revenir bientôt. (*à part.*) Allons prévenir Marie
et préparer ce qui m'est nécessaire.   (*il sort.*)

SCÈNE IX.

CÉCILE, ANTONIN, *ils restent dans
le recueillement.*

ANTONIN.

Ma Cécile.

CÉCILE.

Mon Antonin.

ANTONIN.

Ah ! quoi, ta bouche est donc muette.

CÉCILE.

Ah ! quoi, tu ne me dis donc rien.

Ensemble, à part.

Ah ! que mon ame est inquiète
Depuis ce dernier entretien.

ANTONIN.

Ma Cécile.

CÉCILE.

Mon Antonin.

ANTONIN.

Eh! quoi, sa bouche est donc muette.

CÉCILE.

Eh ! quoi, tu ne me dis donc rien.

ANTONIN.

Au ciel, j'adresse ma prière
Pour qu'il donne à tes yeux le jour.

CÉCILE.

Au ciel, j'adresse ma prière
Pour qu'il donne à tes yeux le jour ;
Mais dis-moi bien qu'en voyant la lumière
Tu restera fidèle à notre amour.

C

ANTONIN.

Promets-moi bien qu'en voyant la lumière
Tu resteras fidelle à notre amour.

Ensemble.

Ah ! si jamais { mon Antonin / ma Cécile } volage,

Renonçant à ce tendre cœur,
A d'autre portait son hommage,
D'un autre recevait l'hommage,
Cécile mourrait de douleur.
Antonin mourrait de douleur.

CÉCILE.

Antonin, ce sera toi qui verras, sans doute.

ANTONIN.

Oh ! non, ce sera toi, Cécile, et ce sera toujours moi ; le bienfait de la vue nous sera commun.

CÉCILE.

Oui, mais quand tu me verras, mon bien-aimé, pourrai-je te plaire ; aurai-je quelques charmes pour toi... Tu seras peut-être encore mon ami... mais... serai-je toujours ta Cécile.

ANTONIN.

Oh ! oui, toujours.

SCENE X.

LES PRÉCÉDENS, MARIE.

MARIE, *à part.*

Je ne sais comment m'y prendre pour leur faire part des craintes de ce bon monsieur Dupuis... heim ! heim... Eh bien, mes enfans.

CÉCILE.

Ah ! maman, je vous verrai peut-être.

ANTONIN.

Je pourrais peut-être vous rendre les soins que vous m'avez prodigués.

MARIE.

Ces chers enfans... Il est bien honnête ce bon docteur, pas vrai ?

CÉCILE.

Ma mère, vous savez, sans doute, pour lequel de nous deux ce brave homme à des craintes ?

ANTONIN, *vivement.*

Dites que ce n'est pas pour Cécile.

CÉCILE.

Ce n'est pas pour Antonin, n'est-il pas vrai ?

MARIE, *à part.*

En vérité, je ne sais que leur dire. (*haut.*) Eh ! mes enfans, qu'est-ce que tout cela fait ; s'il en est un qui reste dans l'état où le ciel l'a mis, l'en aimerai-je moins, en serai-je moins sa bonne, sa tendre mère ? ça vous empêchera-t-il de vous aimer, bien au contraire ; et s'il n'y en a qu'un de vous qui recouvre la vue, il consolera l'autre, le conduira... Ah ça, Cécile, tu m'aideras bien dans le ménage.

ANTONIN, *avec joie.*

Ah ! c'est donc toi, ma Cécile, à qui l'on est sûr de rendre la lumière.

CÉCILE.

Oh ! ciel, l'arrêt est prononcé.

MARIE.

Qu'ai-je fait... Ah ! voilà notre brave voyageur qui vient à propos pour me tirer d'embarras.

SCENE XI.

LES PRÉCÉDENS, DUPUIS, *il fait signe à Marie de se retirer, ce qu'elle fait en lui serrant la main avec bonhommie.*

DUPUIS.

Eh bien, vous êtes instruis, la mère Marie vous a fait part de mes craintes ; celui qui me dit que je puis rendre la vue à

Cécile m'avertit que sur Antonin l'opération n'est pas sans
danger ; mais bientôt vous serez unis, et le bienfait de la vue,
dont Cécile va jouir , lui rappellera sans cesse que c'est pour
vous protéger qu'elle en a reçu l'usage ; tendre mère , épouse
complaisante , elle embellira votre jeunesse et sera l'appui de
vos vieux ans.

CÉCILE.

Ah ! que vous lisez bien dans mon cœur.

ANTONIN.

Prenez bien garde de lui faire du mal.

DUPUIS.

Ah ! oui , mon ami.

TRIO.

Ensemble.

Dieu tout puissant , j'implore ta bonté ,

Fais que ma/sa main leur/lui donne la lumière

Et que leurs/ses yeux rendus à la clarté ,

Pour adorer ta gloire entière ,

Fixent des cieux toute la majesté.

DUPUIS.

Exauce, grand dieu , ma prière ,

Jamais présent ne fut mieux mérité ,

De leur premier regard, ils promettent de faire

Un juste hommage à ta divinité.

CÉCILE et ANTONIN.

Exauce, grand dieu , ma prière ,

Jamais présent ne fut mieux mérité ,

De son premier regard il te/elle promet de faire

Un juste hommage à ta divinité.

Ensemble.

Pour le bienfait que je demande ,

Je ne t'offre point de présents ;

Mais un cœur pur est mon offrande

Et la prière est mon encens.

Dieu tout puissant , etc.

DUPUIS.

Donnez-moi la main, Cécile ; vous, Antonin, restez ici,
je ne tarderai pas à venir vous chercher.

CÉCILE.

Antonin, pensez à moi.

ANTONIN.

Du courage, ma Cécile.

SCENE XII.

ANTONIN, *seul.*

Serait-il vrai qu'elle put recevoir la lumière ? ah! oui,
sensible à notre malheur, à notre amour, le ciel a sans doute
envoyé cet homme bienfaisant... Toi qui va naître à un nouveau sentiment, ma Cécile, je serai moins heureux que toi ;
mais ne crains pas que je sois jaloux de ton bonheur, le mien
est inséparable du tien. Eh bien, tu seras mon appui, mon
guide, et quand nous serons mariés... mariés, ah! ce sera
bien joli.

RONDEAU.

Depuis long-tems mon cœur t'appelle ;
Hâte-toi fortuné moment ?
Où je dois enfin à ma belle
Etre uni par un doux serment.

Je veux que mon asyle,
Modeste, mais tranquille,
Présente à ma Cécile,
Le bonheur et la paix :
Et que notre ménage,
Exempt de tout nuage,
A l'abri de l'orage,
Ne sois troublé jamais.

Depuis long-tems, etc.

Pour embellir ma vie,
Près de ma tendre amie,

Les plaisirs, la folie,
Vont fixer leurs séjours :
Et, suivant nos délices,
Ennivrés de caprices,
Dans de doux exercices,
Nous passerons nos jours.
Depuis long-tems, etc.

SCENE XIII.

ANTONIN, LAURENT, MARIE.

LAURENT.

Il n'y a pas moyen d'y tenir ; vous voyez bien, mère Marie, de quoi vous êtes capable ; vous pleurez dans cette chambre au moment de l'opération, si l'on n'avait pas le bras sûr, on créverait un œil en un tour de main.

MARIE.

Je ne pourrai jamais être présente, je tremble encore ; cet outil...

LAURENT.

Vous êtes bonne, et de quoi voulez-vous donc que nous nous servions ; croyez-vous que l'on enlève une cataracte avec les doigts.

ANTONIN.

Ma mère, a-t-on déjà commencé l'opération ?

MARIE.

Non, non, mon ami, je ne le crois pas.

LAURENT.

Ah ! vous en êtes bien sûre, vous nous géniez là haut ; est-ce que nous pouvions opérer devant vous.

ANTONIN.

Ah ! ma mère, pourvu que ma Cécile m'aime toujours.

MARIE.

Jarni ! je voudrais bien voir qu'elle n'aimât plus mon petit Antonin,

ANTONIN.

Ma bonne mère, on dit que la nature est si belle.

LAURENT.

Oui, sûrement, qu'elle est belle.

ANTONIN.

Et puis les hommes, il y en a de bien aimables, n'est-il pas vrai, ma mère.

LAURENT.

Ah ! nous sommes aimables, nous autres.

ANTONIN.

Il y en a aussi de bien... de bien beaux.

LAURENT.

Faits au tour.

ANTONIN, *avec crainte.*

Elle les verra.

MARIE.

Mais elle te verras aussi, toi ; elle verra que tu as une jolie mine, que tu es bien fait.

LAURENT.

Fait au moule ; nous sommes sur le même patron.

ANTONIN.

Ma bonne mère, ne me trompez vous pas ?

MARIE.

Moi te tromper !... est-ce à moi que tu parles ?

ANTONIN.

Ma mère, pardon... mille fois pardon.

LAURENT.

Le petit a de la sensibilité... Ah ça, je ne suis pas venu ici pour rien. Antonin, venez avec moi ; avant un quart-d'heure, je veux que la cure, grâce à moi, soit complette.

MARIE.

Va, mon ami, va ; docilité et confiance.

LAURENT.

Restez ici, mère Marie ; ne vous avisez pas de venir, vous feriez quelque malheur.

MARIE, *à Laurent.*

Ayez bien soin...

LAURENT.

Soyez tranquille , je me charge de tout.

(*Laurent emmène Antonin.*)

SCENE XIV.

MARIE , *seule.*

Agitato.

La crainte et la douce espérance,
Tour-à-tour agitent mon cœur,
Dieu juste , calme ma souffrance ,
Donne à mes enfans le bonheur.
Ici bas sans cesse , di-ton ,
Le bien, le mal, tout se compense,
C'est donc d'après cette raison ,
Qu'à côté du malheur je vois la bienfaisance ,
La crainte et la douce espérance.

Tour à tour, etc.

SCENE XV.

MARIE , LAURENT.

LAURENT , *accourant.*

Bonne nouvelle , mère Marie , bonne nouvelle.

MARIE.

Comment , comment ?

LAURENT.

Ils y voyent.

MARIE.

Que dites-vous , ils y voyent !

LAURENT.

Oui , oui.

MARIE.

Tous deux.

LAURENT.

Eh ! oui , tous deux.

MARIE.

Ah ! je respire.

LAURENT, *d'un air capable.*

Mère Marie, je puis me flatter que vous m'avez de grandes obligations.

MARIE.

Comment donc cela, voisin ?

LAURENT.

Malgré la mauvaise réception que m'a fait tantôt le confrère, je ne sais trop comment la chose se serait passée sans le secours de mon bras... Au surplus, demandez de mes nouvelles au docteur.

MARIE.

Qu'avez-vous donc fait pendant l'opération ?

LAURET.

Ce que j'ai fait, ce que j'ai fait, ce que n'eût pas fait le docteur. Sans ce que j'ai fait, il n'eût pas fait la cure, il ne les eût pas sauvés ; en un mot, voilà ce que j'ai fait. Debout et immobile devant les yeux des petits, le bras tendu avec cette intrépidité que l'on me connaît, je tenais... je tenais la bougie allumée, donc, c'est à moi qu'ils doivent la vue de la lumière...

MARIE.

Je veux les voir, je veux les voir.

LAURENT.

Attendez, attendez, il n'est pas tems.

MARIE.

Se sont-ils reconnus ?

LAURENT.

Non pas encore ; vous sentez bien qu'il nous a fallu prendre des précautions, de peur que la sensibilité du soleil... et l'air condensé... enfin..., chut, le docteur s'avance avec eux.... Mère Marie, tâchez de vous contenir, je vous prie, tâchez de vous contenir.

D

SCENE XVI et DERNIERE.

LES PRÉCÉDENS, DUPUIS, CÉCILE,
ANTONIN.

(*Dupuis donne la main aux enfans qui ont les yeux cou-*
verts d'un bandeau; il fait signe à Marie et à Laurent de
garder le silence ; ces derniers sont à gauche, Dupuis,
au milieu des enfans, gouverne la scène.)

FINALE.

LAURENT, *bas à Marie.*

Je suis bien curieux de voir ici comment..

MARIE.

Paix donc !

CECILE et ANTONIN.

Où suis-je ?...

DUPUIS, *aux enfans.*

Attendez un moment.
Modérez les transports de votre impatience,
Celui dont vous venez d'éprouver la clémence,
A l'œil fixé sur vous,
Et veut connaître en cette circonstance :
Quel emploi vous ferez d'un bienfait aussi doux.

CECILE et ANTONIN.

Ah! de ses regards redoutables
Je ne puis avoir de frayeur,
Car ce don précieux est gravé dans mon cœur
En souvenirs inneffacables.

DUPUIS.

La douce clarté de ces lieux
Permets qu'au gré de votre envie
Je lève le bandeau qui vous couvre les yeux,

TOUS.

Voilà l'instant le plus beau de ma vie.

(*Dupuis détache le bandeau, les deux enfans restent quel-*
que tems immobiles et considèrent en silence ce qui les
environnent; tous marquent l'intérêt et l'attente de leur
premier mouvement.)

CÉCILE et ANTONIN, *fixant Marie.*

O ! ciel ! quelle est cette personne ?

Je ne sais quoi, me dit en la voyant,

Qu'avant cette faveur, que ta bonté me donne,

Je la chérissais tendrement.

MARIE , *passant au milieu d'eux.*

C'est votre mère toujours bonne ,

Qui dans chacun de vous retrouve son enfant.

CÉCILE et ANTONIN , *se fixant.*

Si mon Antonin ressemblait.
$\quad$ ma Cécile

(*Ils se rapprochent , Cécile prend la main d'Antonin, l'examine , Antonin passe son bras autour de la taille de Cecile , tous deux se reconnaissent et marquent leur joie.*)

MARIE.

Reconnais ton amie.

Reconnais ton amant.

CÉCILE.

Ah ! pour moi quel heureux moment ;

A toi je vais donc être unie.

ANTONIN.

Le ciel propice à notre amour

Pour nous rendre au bonheur nous a rendu le jour.

Ensemble.

Le ciel propice , etc.

(*Les enfans restent étroitement embrassés , ils se jettent
ensuite dans les bras de Dupuis ; celui-ci les avertit de
rendre grace à la divinité , tous deux , d'un mouvement
spontanné , se prosternent ; cette action doit être ména-
gée de manière à se faire en commençant le chœur.*)

CHOEUR.

O dieu ! dont la grace infinie

A voulu qu'une faible main

Leur fit connaître une autre vie.
Nous

Protèges { les } jusqu'à la fin.
$\qquad$ { nous }

LES AVEUGLES, etc.

Si tu n'as pas l'offrande entière
De notre amour, de notre cœur,
C'est que l'un est pour notre mère,
L'autre pour notre bienfaiteur.

TOUS.

O! dieu, dont la grace infinie
A voulu qu'une faible main.
Leur
Nous fit connaître une autre vie,

Protégez $\left\{ \begin{array}{c} \text{les} \\ \text{nous} \end{array} \right\}$ jusqu'à la fin.

FIN.

CATALOGUE

Des pièces de théâtre qui se trouvent chez le même Libraire.

TRAGÉDIES.

Abdélazis et Zuleima, de Murville.
Abufar, de Ducis, en 4 actes.
Agamemnon, Lemercier.
Epicaris et Néron, en 5 actes.
Fénélon, de Chénier, 5 actes.
Geneviève de Brabant.

Manlius Torquatus.
Marius a Minturne.
Ophis, par l'auteur d'Agamemnon.
Othello, de Ducis.
Thénaïs et Zélisca.
Thimoléon, de Chénier.

COMÉDIES.

Abbé (l') de l'Epée, de Bouilly, en 5 actes.
Adélaïde de Bavières, en 3 act.
Alceste à la campagne, Demoustier.
Ami (l') du peuple, en 3 a. en vers.
Ami à l'épreuve, en un acte.
Amis (les) des loix, de Laya.
Arrivée (l') du maître, de Dumaniant.
Artistes (les), en 4 actes, Collin-d'Harleville.
Banquier (le), en 3 actes.
Cadet-Roussel, ou le café des aveugles.
Cadet-Roussel. (mort de)
Cadet-Roussel Barbier.
Cadet-Roussel maître de déclamation.
Cadet-Roussel, misantrope.
Café d'une petite ville, en 1 acte, en vers.
Canardin, ou les amours du quai de la volaille, parade.
Catherine, ou la belle fermière.
Château (le) des Appennins ou le fantôme.
Chevalier Noir (le), drame en 3 act.
Conciliateur (le), de Demoustier, en 5 actes en vers.
Conteur (le), ou les deux postes, en 3 actes.
Châteaux (les) en Espagne, de Collin-d'Harleville.
Claudine de Florian, 3 act.
Cœlina ou l'enfant du mystère, 3 actes.
Commissionnaire (le) ou Cange.
Cordonnier (le) de Damas.
Crac dans son petit castel, en un acte, en vers, de Collin.
Crimes (les) de la noblesse.
Défiances et malice, en 1 acte.

Désespoir de Jocrisse, de Dorvigny.
Deux font la paire.
Deux mères, (les) 1 acte.
Divorce (le), par Demoustier.
Double assaut, en 1 acte.
Dragons (les), de Pigault.
Dragons en cantonnement, id.
Ecoles (l') des jeunes femmes, de Collin-d'Harleville.
Empirique (l'), de Pigault.
Fausse (la) mère, en 3 act.
Femmes (les) en 3 actes, en vers de Demoustier.
Foux (les) hollendais, ou l'amour aux petites maisons.
Frères (les 2), de Patrat, en 4 act. en prose.
Henri et Périne, de Dumaniant, en 1 acte.
Homme (l') à trois visage.
Inconstant, (l') de Collin.
Isaure et Gernance, de Dumaniant.
Intérieure (l') des comités révolutionnaires.
Intrigans, (les) de Dumaniant.
Intrigue (l') épistolaire, 5 actes.
Jaloux (le) malgré lui.
Je cherche mon père.
Jeune (la) hotesse.
Jocrisse changé de condition.
Jocrisse congédié, de Dorvigny.
Jodelet, de Dumaniant.
Jugement de Salomon.
Kiki, ou l'île imaginaire, folie en 3 actes.
Kosmouck, ou les Indens en Angleterre, en 5 actes.
Laure et Fernando, en 4 act. de Dumaniant.
Lovelace français.
Madame Angot au sérail.
Maison (la) de prêt, en 3 actes.

Mariniers de Saint-Cloud.
Mari (le) coupable.
Mariage (le) de Jocrissé.
Marquise (la) de Pompadour.
Minuit, de Desaudras.
Mœurs du jour, en 5 actes.
Naufrage, (le) ou les héritiers, Duval.
Niais de Sologne.
Nitouche et Guignolet, en 1 acte, de Dorvigny.
Nourjahad et Chérédin, en 4 act. en prose
Orpheline, (l') de Pigault.
Paix, (la) de Aude, en 3 actes.
Partie de chasse de Henri IV, n. édit.
Paméla, en 5 actes, en vers.
Perruque (la) blonde, Picard.
Petit Mensonge, (le) 1 acte.
Préjugé (le) vaincu.
Provinciaux (les) à Paris, en 4 act. de Picard.

René Descartes, de Bouilly.
Rivaux (les) d'eux-mêmes.
Robert, chef des brigans.
Roland Monglave.
Rosa ou l'hermitage du torrent.
Rosélina ou le château de Torento.
Ruse déjouée, de Dumaniant.
Secret découvert, Dumaniant.
Sérail du Grand Mogol, 3 actes.
Sourd (le) ou l'auberge pleine.
Souper (le) des Jacobins.
Souper (le) imprévu, ou le chanoine de Milan.
Tribunal invisible, 3 actes.
Tribunal redoutable, suite de Robert.
Vengeance (la), de Patrat.
Victimes (les) cloîtrées.
Veuve (la) du républicain.
Victor ou l'enfant de la forêt.
Vieux (le) célibataire, de Collin-d'Harleville.

O P É R A.

Ambroise, de Monvel, 2 act.
Anacréon chez Policrate.
Aveugles (les) de Franconville, 1 a.
Bénouski, de Duval, 3 act.
Deux journées, Boully.
Duel (le) de Bambin, de Dumaniant.
Entresol (l').
Epreuve (l') du républicain.
Faux (le) monnoyeur.
Gulnare, de Marsollier.
Léonore, ou l'amour conjugal.
Maison (la) isolée.
Mari d'emprunt, en 1 acte.
Montano et Stéphanie, 3 actes.
Mélidor et Phrosnie.
Odoiska, ou les tartares.
Oncle (l') et le valet, Duval.

Owinska, en 3 actes.
Pauvre (la) femme.
Pierre le Grand, de Bouilly.
Prisonnière (la), en 1 acte.
Raoul barbe bleue, de Sédaine.
Raoul, sir de Créquy, de Monvel.
Sargines, de Monvel.
Sophie et Moncar, de Guy.
Stratonice, en 1 acte.
Trente et Quarante, Duval.
Une matinée de Catinat, ou tableau, de Marsollier.
Venzel, ou le magistrat.
Visitandines, (les) de Picard.
Zoé, ou la pauvre petite.
Zoraïme et Zulnare.

V A U D E V I L L E S.

Amans (les) prothée.
Amours (les) de M. Jaquinet.
Assemblées (les) primaires.
Avare (l') et son ami, par Radet et Rabauteau.
Aveugles (les) mendians, en 1 act. de Léger.
Banqueroute du Savetier, en 1 act. de Martainville.
Berquin, en 1 acte.
Billet de logement, en 1 acte.
Boites (les) du camp de Grenelle.
Cadet Roussel aux Champs-Elisées, ou la colère d'Agamemnon.

Cacaphonie, (la) ou la paix.
Champs (le) de Mais.
Chasse (la) aux loups.
Chaudronier (le) de Saint-Flour.
Cricri, ou le mitron de la rue de l'Oursine, par l'auteur des deux Jocrisses.
Christophe Morin, en 1 acte.
Danse (la) interrompue, de Barré et Ourry, en 1 acte.
Déguisement villageois.
Désirée, ou la paix au village, allégorie, en 1 acte, par Etienne Moras et Nanteuil.